O Vestibular perante a Doutrina Espírita

Obra mediúnica
(psicofonia e psicografia)

Do espírito
Adolfo Bezerra de Menezes

Médium
Délio Pinheiro Lima

O Vestibular perante a Doutrina Espírita

MADRAS

© 1999, by Madras Editora Ltda.

Supervisão Editorial e Coordenação Geral:
Wagner Veneziani Costa

Produção e Capa:
Equipe Técnica Madras

Ilustração da Capa:
Roberto Domício

Revisão:
Marília Rodella
Luiz Roberto Malta

ISBN 85.7374.159-7

Proibida a reprodução total ou parcial desta obra, de qualquer forma ou por qualquer meio eletrônico, mecânico, inclusive por meio de processos xerográficos, sem permissão expressa do editor (Lei nº 9.610, de 19.02.98).

Todos os direitos desta edição reservados pela

MADRAS EDITORA LTDA.
Rua Paulo Gonçalves, 88 — Santana
02403-020 — São Paulo — SP
Caixa Postal 12299 — CEP 02098-970 — SP
Tel.: (0_ _11) 6959.1127 — Fax: (0_ _11) 6959.3090
http://www.madras.com.br

Sumário

Prefácio 7
1. Disciplina 17
2. Sexo, Drogas e Aids 23
3. A Jovem 37
4. Paz 45
5. Interpretação 51
6. Ordem e Progresso 59
7. Fatos 65
8. Escravidão 71
9. Reações 77
10. Intensivo 81
11. Oposição 85
12. Suicídio 91
13. Redação 101
14. Princípio 109
15. Cultura 115
16. Divórcio e Vestibular 121

Prefácio

A diretriz do estudo começa a partir do momento da expressão antiga no valor muito bem qualificado, no decorrer das funções de cada jovem.

O jovem é autor de seus próprios deslizes, como também é autor de seu sucesso, a reanimar seu desânimo, suas emoções, suas alegrias ao passar no vestibular e o esquecimento dos jovens após o êxito. Não se recordam de que nas suas orações e intuições foram muito ajudados.

A proposta deste livro é esclarecer, e não oferecer fórmula para passar em qualquer concurso.

Procuro, através de meus conhecimentos limitados demonstrar que a verdade vem multiplicar o elo entre o emocional e o racional.

Peço constantemente pelos jovens que, infelizmente, só vão aos grupos espíritas através das carências.

O vestibular testa e avalia a emoção pulsante das palpitações do pós-morte.

Esta obra literária vai fazer com que os jovens pensem.

Deus me orientou na melhor maneira de escrever sobre as problemáticas por que passa o aluno.

O desespero e o medo nos influenciam muito na compreensão dos jovens. A organização, o amor e o cristianismo no seu sofrimento passam a nos recordar dos jovens lutadores em favor do Mestre Jesus.

O caminho percorrido faz valer as verdades dos convívios nominados e compartilhados no movimento vibratório. Esperança nos sentimentos de alegação, a aproximação deverá vir do coração divino da jovialidade, com números de amor e fé, enumerando os nossos momentos que são o Mestre Jesus Cristo, Deus e a doutrina espírita, pela significação plena de seus fatos verídicos e surpreendentes.

O empenho de todos na possível manobra faz de cada um o liame que não se parte, nem mesmo após a morte.

Os laços espirituais vão muito mais além que simples emoções para o grande fortalecimento dos estudos.

A Terra é um planeta de expiação e provas, um pequenino grão de areia no litoral.

O espiritismo é a bússola da humanidade encaminhando os sofredores ao alívio da cura com o Mestre Jesus Cristo.

Vão e sigam, amigos estudantes, o vazio é para aqueles que não querem a ordem dos fatos; mais sofreu o Mestre Jesus Cristo na cruz de nossas imperfeições.

Agora é chegado o momento do pagamento aos credores da dívida somada diretamente nos próprios meios de animar a tarefa de cada vestibulando.

Jovens espíritas, amai-vos e instruí-vos! Crescei e multiplicai-vos! Segui o exemplo dos pais que querem o melhor da vida para seus filhos.

A vida não se resume num vestibular!

Se soubessem o verdadeiro exemplo, a função principal no objetivo dos mártires salvados por Mestre Jesus, que caíram de dor, depois de libertos do corpo, encontraram seus familiares; só restaram na arena leões e romanos.

Virtude e bênção – servidão – realizam o que é bom no seu futuro promissor. A sua bonificação muitas vezes não é agora.

Feliz é aquele que crê sem procurar taxas de aprovação nos fatos e fenômenos.

Faz de seus lápis e de suas canetas a paz conquistada e conforta seu espírito na sua agonia.

O trapezista se equilibra no seu trabalho, no seu treino. Se cai, a rede o salva.

O jovem se equilibra no seu espiritismo e nada tem para se amedrontar.

Sua fé é a mostarda, o grão de mostarda do Messias de Nazaré.

Vai! Toma da fonte da água viva e levanta a fronte.

A vida no corpo é passageira, a vida no espírito é vitória. Só os fracos desistem no meio do caminho, salvos pela infinita misericórdia do Criador, na Sua cristandade.

O mundo é cheio de provas e expiações.

Vai e lê, mas faz com amor e sabedoria.

Despreza as críticas dos incrédulos, não são mais do que filhos de Deus. Suas almas são imbatíveis.

Constantemente esquecem o benefício que os espera porque estavam envolvidos com um pequeno obstáculo; o vestibular é apenas um meio de superá-lo.

A vida vai e prima as possibilidades de amar e servir na depuração do espírito.

Muitos virão tentar afastá-los, rastejando como víboras.

Vai e toma o antídoto para que o veneno da calúnia e da difamação não vá ferir sua artéria e manchar o seu sangue.

Passa e prossegue nos arredores da alma.

A ponte estreita é perigosa, mas só o despertar revigorante da doutrina espírita fará com que a fé, pela coragem, ilumine a nova menção. Seus alicerces produzirão luz que ofuscará os incrédulos que não têm fé no futuro.

Ausculta os pulmões do espírito e abre a esperança no Cristo Redentor que nos salvou de armadilhas, emancipou a vida no elo constante de alegria e soberana sabedoria.

Vai! Divulga e lê este livro que não é do anticristo.

Abraça o viver e absorve o Monte das Oliveiras.

Ora como o Mestre orou, longe das multidões.

Abre o globo da Terra e seu globo ocular brilhará no centro magnético da doutrina espírita.

Não desista jamais, como não desistiu Kardec, que em pouco mais de uma década mudou a fé da humanidade, afirmando e provando: o espírito existe após a morte do corpo.

Chora no instante em que seu familiar morre, sorri e levanta sua bandeira de esperança. O Brasil é sua terra.

Busca a estrela de vidro e deixa que fragmente no vivo e presente de Deus.

A união faz a força, a virtude faz a honra renascer no fundamental do amor e da verdade.

Medita, medita com Jesus!

A hora é agora, incentiva o seu ser inteligente que existe dentro da sua alma.

O segredo do bom viver faz parte das manhãs e das emoções.

Não há esforço sem suor no rosto, não há desempenho sem estudo, amor e compreensão.

Constrói o que há de mais esplêndido e começa a amar a profissão que escolheu.

Vai e incentiva a si próprio, vai à labuta! Nenhum vestibular poderá derrubar a jovialidade humana.

Minha proposta é levá-los aos cumes da realidade sem fantasia.

Zela pelo livro que carrega.

Lembrem-se: a seriedade de viver bem pertence a quem tem o valor da vida seguida nos auspícios da Terceira Revelação, o Consolador Redivivo, o espiritismo kardecista, que nada tem a ver com africanismo.

A luz de Deus nos guia freqüentemente.

Não existe alto e baixo espiritismo.

O Consolador é um só.

Une suas forças da juventude; só através de vocês a Nação mudará, as críticas e difamações só irão nos fortalecer.

As demais doutrinas temem o Consolador. Não tememos ninguém porque somos amor e vida, vencemos pela razão e, não, pela emoção.

A *Bíblia* está cheia de fatos espíritas dados como "milagres", por isso não temam jamais: Deus nos conduz e Jesus Mestre é o nosso orientador.

Quando muitos riram de Kardec, milhões se converteram. Agora é sua vez. Mostra no supremo valor a fé do Cristo Libertador.

Transforma a caneta na vitória de Deus e não pára de amar.

Hoje vocês, amanhã seus filhos e depois de amanhã seus netos, elaborando o semear da inteligência na nova procedência do viver.

Pensa, pensa alto e não abaixa, a fé remove montanhas e a fonte da água viva não há de secar.

Seus pais deram a vida por vocês; ontem eles, amanhã vocês; profissionais, médicos, engenheiros, cientistas, etc.

O sangue de Deus nos conduz. O Seu tipo sanguíneo é universal e ninguém morrerá por falta de sangue espiritual.

Deus é o Criador, Jesus é o fornecedor e vocês os beneficiários da criação.

Conduz a verdade, estuda e vence, no amor das palavras.

Olhem para o alto e vejam o sol pulsando nas veias da servidão. Deus não abandona nenhum de Seus filhos.

Chora, chora jovem! Mas de felicidade. O laudo é seu no presente, no passado e no futuro.

Deus é Pai e Misericordioso.

São os votos desse irmão que ama a todos vocês, portanto lê e vê, aprende e segue, vive e perdoa, vai e pinta seus rostos de guerreiros da paz e da solidariedade.

Obrigado, jovens amigos, o Espírito de Deus vos conduz, um abraço, até breve.

Bezerra de Menezes

1

Disciplina

Assim como os pais têm seus horários, suas normas, seus filhos devem ter, já que são estudantes. A preparação para o vestibular é feita na ordem dos fatos espíritas.

Desde criança, o espírito se encontra devidamente integrado e muito bem ciente de sua capacidade de vidas de outrora. Sua experiência é muito bem verdadeira e viva no seu espírito, já que passou por provações.

À medida que seu espírito amadurece no novo corpo ele se retrai para seu mundo. Após sete ou oito anos de vida a fusão se completa. Sua reencarnação emerge e desperta mais vivamente, e isto é devido ao corpo pelo tempo que o espírito leva a amadurecer.

Forças esplêndidas vão ao encontro do seu despertar. Quando tem de levantar cedo e ir à escola, toma conhecimento do obrigatório nas suas atividades.

A partir daí, os seus movimentos vão ressurgir para o futuro e para o presente. Só que, na sua realidade, ele, ou ela, possui uma força excepcional e amigável que aqui é a força que Deus nos dá para vencer a vida através da cristandade.

Nenhuma criança nasce um gênio, onde quase todas as escolas são muito fáceis. Os pais não devem querer que seus filhos sejam gênios: elas fazem – as crianças – da melhor forma que podem.

Se um aluno de 10 anos tira notas baixas estudando, esforçando-se, e isto não muda, poderá ser um problema de cunho emocional, de cunho mediúnico, aplicando-lhe passes renovadores de energias, mas a desobsessão deve ser feita na ausência da criança, para não assustá-la.

Se não for isto, poderá ser um problema de deficiência metodológica de ensino, do próprio colégio.

Por melhor que seja o colégio, a deficiência pedagógica existe.

Colégios cobram exorbitâncias só porque têm tradição de décadas, o que não significa que sejam infalíveis.

A perda do vestibular existe e começa na infância. O aluno ou aluna ficam subordinados à deficiência no ensino e no processo de memorizar sem entender do que se trata. Isto é freqüente.

Em geral culpa-se o aluno por não passar de ano. Parece que até nos dias contemporâneos, as reuniões de pais e mestres não têm resolvido nada a respeito.

Punições, castigos. Psicólogos que imaginam uma criança com cinco anos fazer sexo e ter sua libido a pleno vapor segundo a psicologia de Freud, não passam de meros espectadores de circos psicodélicos. Por isso, pensem o que quiser de mim, falem o que quiser de mim, Freud morreu por falta de sanidade mental.

As crianças não devem sofrer uma psicologia freudiana. Infelizmente essa loucura tornou-se uma epidemia no país.

Em primeiro lugar, se a criança é reprovada, é porque houve um consenso entre os professores coniventes com o erro pedagógico de seus ensinos, com a metodologia muito a desejar.

Se Deus o quisesse, só teríamos gênios reencarnando na Terra. Todos nós seríamos e não precisaríamos aprender o alfabeto.

Ainda vemos os pais reclamarem na frente de seus filhos o quanto gastaram no ano e o chamam de repetentes.

Não se tem uma psicologia adequada.

A disciplina começa no horário de cada um, no seu interior.

Ainda vemos pais que não deixam seus filhos comerem na cantina do colégio, deixando-os famintos, como castigo. Nem imaginam o prejuízo que causam às crianças.

A estrutura do colégio deveria ser a mesma, preparando seus filhos para um vestibular mais eficaz que eficiente.

O horror que os jovens possuem pelo vestibular é causado pela deficiência dos colégios para este preparo.

Multas, juros, cobranças de mensalidades, salários: tudo isso é justo, desde que seja justo reprovar um aluno?

Criam-se impérios escolares e deficientes ensinos no decorrer do tempo.

Meu objetivo é preservar as crianças, os jovens, de reprovações injustas pelo ensino deficiente. Se as notas são baixas, o ensino é de cor vermelha, como as cores do boletim de uma criança.

Obrigatório seria um acompanhamento psicológico dado pelo próprio colégio. Não para justificar aos pais que os colégios possuem isso.

O país está carente de escolas espíritas, universidades espíritas. Todo o quadro muda com o tempo.

A responsabilidade é de todos nós, por isso, ensinar é uma arte, é uma ciência e ninguém tem o direito de reprovar um aluno só pelo fato de ter notas baixas. Um boletim não mostra o fracasso, caríssimos jovens, de um estudante. Por isso, ao verem vermelhas suas notas, perguntem: qual a cor do ensino do seu colégio?

O ensino é uma disciplina de aperfeiçoamento, cuja perfeição só chegará quando houver 100% de aprovação de seus alunos.

2

Sexo, Drogas e Aids

Não podemos, jamais, exercer uma ligação entre vestibular, sexo, drogas e Aids.

Nenhum tipo de alucinógeno será capaz de despertar o aluno, mesmo que ele tenha perdido a noite estudando.

Pelo processo químico, obtém-se muitos tipo de drogas alucinógenas que, infelizmente, são divulgadas entre os jovens, com a ilusão de que ajudará a passar de ano e, no futuro, passar no vestibular.

A falta de diálogo com os pais: aqui não culpo os pais nem os filhos, mas, a cada um, sua cota de responsabilidade.

Os jovens têm a certeza do que é certo e errado, mas quando não encontram apoio de seus pais... Que tipo de apoio? O diálogo, o amor, a paciência, o carinho, a reunião da família.

O que ocorre no jovem sem amparo de seus pais? Eles vão buscar amparo em outro lugar, perto de colegas, já que não encontraram o apoio necessário em suas casas.

Pais que se tornam verdadeiros tiranos domésticos, assustando, acusando seus filhos, estabelecem muitas exigências. Por exemplo: se não passar no vestibular não vai ganhar o seu novo presente.

O que muito ocorre no conjunto de cada tarefa estudantil é a perda de fé no futuro.

Os pais, para avaliar seus filhos no teste de inteligência, mandam-nos para os psicólogos.

Muitas vezes não querem carregar o trabalho magnífico de educar seus filhos para o vestibular apenas com um conselho: estudar para passar.

Só que o estudo sem uma preparação íntima enfraquece o aluno.

Não se pode conceber uma sociedade materialista e confusa.

O que vemos? Jovens despreparados, inseguros, revoltados. Muitos engravidam suas namoradas para forçar um casamento precoce, para chamar, dessa maneira, a atenção de seus pais e forçarem um diálogo freqüente.

Em comum acordo, o jovem e a jovem resolvem ter um filho por várias hipóteses. Fugir e ter uma responsabilidade maior, o que poderá causar muitos problemas.

Surpreendendo os pais da jovem e do jovem, o problema da gravidez na adolescência não é só na época do vestibular, quando a educação sexual é ministrada de forma superficial, sem fraternidade, sem amor.

Só a fé no futuro, inabalável, precisa, concisa, segura, na espiritualidade de Deus, pela orientação do Mestre Jesus, da doutrina espírita, poderá ajudar beneficamente os entremeios de problemas.

Jovens sem nenhuma estrutura geram, no seu objetivo, uma família sem o preparo espiritual e material para sustentar uma família. O jovem tem de ter consciência total de sua responsabilidade.

Deus colocou a prática do sexo para o equilíbrio da humanidade. Infelizmente os órgãos governamentais não sabem o que fazer com o desequilíbrio e a péssima interpretação do sexo, desde a adolescência.

O que posso aconselhar neste problema entre o sexo, a Aids, as drogas e o vestibular, está no conjunto de desequilíbrios internos no tempo que resta para cada jovem, com o seu futuro comprometido pelo vírus da Aids. Nostradamus, em suas profecias, previu a epidemia do sexo desequilibrado, a epidemia do horror aos pais, o medo de ser reprovado no vestibular.

Tudo influencia a infelicidade.

O jovem deve saber que a sua felicidade não depende somente de seus pais, mas cada um segue o caminho que quer, através de seus pensamentos e de suas tarefas.

Aos jovens espíritas a falta de freqüência, a ausência nos trabalhos caritativos, acontece aos jovens, sendo de qualquer religião, após conseguirem a aprovação no vestibular, abandonando suas responsabilidades doutrinárias e religiosas.

Entusiasmados com a aprovação no vestibular, esquecem a finalidade dessa aprovação e a ajuda que tiveram do invisível.

Após ingressarem na universidade, desequilibram-se porque toda figueira que não dá frutos, tende a secar. Isto quer dizer que o afastamento dos jovens dos grupos espíritas antes, durante e depois do vestibular causa um turbilhão de problemas.

Às vezes, os pais dizem: "Bem, meus filhos, vocês já passaram, estão livres da freqüência no grupo espírita, como também de suas responsabilidades no grupo".

No futuro, vemos filhos formados, em desequilíbrio, com seus casamentos em ruínas e que não conseguem exercer um bom profissionalismo porque estão com obsessão e têm Aids, a saúde física debilitada, a saúde espiritual prejudicada, adquirindo o HIV, com pouco tempo de vida.

Os psicólogos, o pai, a mãe, aqueles que afirmaram a seus filhos "Jovens têm de ter suas próprias experiências", não compreendem o valor verdadeiro da vida espiritual. Isso só cabe ao Mestre Jesus dizer e a Deus, nosso Pai Celestial, combinando o amor, o afeto, a paz e a força mútua entre as emoções do estudante, de que ele pode lutar e engrandecer a sua própria vida.

Nenhum jovem poderá imitar outro jovem pelo simples fato de continuar fazendo o mesmo e ter a sua personalidade fundamentada na força espírita que possui, integrando a capacidade que possui na melhor ordem dos fatos, por mais surpreendentes que sejam diante da sociedade de modo geral.

O uso de drogas tem feito muitas vítimas no decorrer do tempo. Fazer uma prova drogado ou drogada hiperestimula o cérebro, expulsando o espírito de seu equilíbrio.

A fuga de muitos para suportarem a tensão do vestibular, seja em qualquer área, o que ocorre freqüentemente, é a falta de apoio da sociedade, que deve ser substituído com a própria capacidade do aluno, de muitas maneiras:

- estudando;
- lendo *O Evangelho Segundo o Espiritismo*;
- procurando ater-se ao objetivo principal, que é equilibrar o espírito;

– solucionando o problema emocional com o melhor dos psicólogos: o Mestre Jesus Cristo.

Praticar sexo indevidamente, sem responsabilidade, só para estabelecer uma emoção pueril, fútil, passageira e infrutífera, não é a solução.

O sexo não é pecado, mas, a maneira como é compreendido, entendido e interpretado, pode gerar doenças infecto-contagiosas na ideologia de cada sexólogo e todos nós.

O fato de o vírus da Aids ser ou não proveniente do macaco não faz diferença nos dias atuais, atuando involuntariamente dentro da sociedade e disseminando uma epidemia incessante, sem data para resolução.

Não é a solução! É necessário integrar a mente para os objetivos particulares, estudantis e espirituais, para que nos tornemos intelectuais.

Não há dificuldade, mas o intelectual espiritualizado tem maiores chances de superar os seus obstáculos e superar a si mesmo.

Quantos profissionais existem e não sabem o que fazer com seus diplomas porque estão inseguros? Depois vão fazer novamente o vestibular para outra profissão.

Esses ficam inseguros e, em muitas ocasiões, não sabem o que querem: se vão ou ficam. Por isso é preciso encaminharmos a mente para realmente o que queremos. Se queremos ser médicos, devemos avaliar se esta vocação está correta, no sentido mais útil do sentimento de cada estudante.

Muitos jovens seguem Freud e se desequilibram, pensando que o único sentido da vida está no sexo.

A psicologia tem a finalidade de ajudar. Confiar numa psicologia que nega a alma é entrar no fundo do precipício, esperando a morte.

Quanto à Aids, o estudante deve compreender ser de sua total responsabilidade.

Pensem: quantos jovens de ambos os sexos passam no vestibular contaminados com o vírus HIV, sem mesmo saberem, e têm suas vidas cerceadas por esta epidemia?

Felizes, passaram, mas, o que os espera no amanhã? Não irão passar mais que 10 ou 20 anos. Isso irá depender da reação de cada organismo. O tempo de vida de cada um, por exemplo, a forma de como levam suas vidas.

A vida não começa apenas num simples vestibular e não pode ser motivo de desânimo. O jovem tem de procurar sua solução de superação.

As energias sexuais da alma são destinadas para o equilíbrio da alma. Portanto, agitar os sentidos da maior meta de cada força que é estabelecida, melhorada em nossos próprios valores.

As energias sexuais da alma são destinadas para o equilíbrio de cada um e não compete a nenhum sexólogo e sexóloga incentivar práticas absurdas, já que a era epidêmica aumenta cada vez mais.

Tudo gira em torno de Deus para a melhor ordem de viver. O que acontece muito é a influência do meio, de outros jovens. Jovens que querem impor os seus vícios a outros que não os possuem.

Para se atribuir uma melhor finalidade do que queremos, é melhor conhecer a si próprio. Como fazer isso? Ninguém poderá se autoconhecer sem se doar para uma paz interior. Só com a força espiritual pelo que queremos através de Deus e nos exemplos que o Mestre Jesus nos deu, superaremos as dificuldades.

Quanto mais a humanidade avança mais aumentam os perigos de se pegar uma contaminação séria.

Os preservativos são falhos, mesmo os importados, podendo se alastrar facilmente nos corpos os vírus. O beijo e a troca de salivas proporcionam Aids.

O governo tenta reduzir os casos existentes, que cada vez aumentam mais, incentivando o uso de preservativos.

Só a fidelidade no amor dos casais, a boa educação sexual sem desequilíbrios, para cada propósito de educação e objetivos.

Deus colocou o sexo no mundo para a evolução da humanidade e a não extinção populacional, equilibrando o homem e a mulher. E se for mal utilizado pelos mesmos, através de qualquer tipo de desequilíbrio, as conseqüências virão, cedo ou tarde.

A boa educação sexual fará com que esta epidemia não se alastre. O jovem tem de tomar consciência de que a sua vida é valiosa.

Se não houvesse desequilíbrio na sexualidade, como o adultério, o estupro e outros distúrbios psicossexuais, não teríamos a Aids, poupando milhares de pessoas.

Convém refletir sensatamente nos próprios valores de família.

Não se pode confiar nas emoções da euforia, do impulso no decorrer do tempo. Para o vestibulando, o estudo, a fé, a boa preparação emocional vêm de seu próprio espírito; e não basta ter fé, basta apenas tomarmos a meta no valor mais preponderante e equilibrado possível. Para atingir o equilíbrio na jovialidade da vida, basta, apenas, amar os objetivos.

O sexo é o elemento pró-vida, para a eternidade. Quando mal interpretado, será usado de forma desequilibrada.

O jovem não precisa mostrar sua masculinidade, desequilibrando sua vida pelo descontrole da libido. Só quem não compreende o verdadeiro valor do amor, do sentimento, não tem como explicar o seu sentido, o seu sentimento do que é viver melhor.

Ninguém poderá dizer a um jovem para entrar na luxúria prejudicial se o jovem tem a sua personalidade, a sua definição, o seu valor próprio.

O jovem deve compreender que seu vestibular é fruto de sua capacidade e sua alegria. Colocar suas esperanças no vestibular sem valorizar a vida é não acreditar em Deus, pelo benefício do Mestre Jesus Cristo.

Existem jovens, de ambos os sexos, que se entregam aos vícios, perdendo noites ingerindo drogas, enveredando para a prejudicial emoção do desespero, só porque perderam seu vestibular, o que muitas vezes foi conseqüência do ensino fraco e mal-estruturado dos colégios que freqüentaram.

Lembremo-nos: a vida oferece novas oportunidades para nosso caminho escolhido.

Deus cuida de todos nós, de forma invisível, não vemos, e nós cuidamos de nós mesmos, preservando-nos de surpresas desagradáveis.

Vemos jovens recém-formados, com HIV e, que se desesperam. Não devem perder a esperança, devem lutar contra a doença.

A medicina hoje oferece medicamentos para prolongar a vida. Esses medicamentos são eficazes desde que o paciente tenha uma alimentação reforçada e adequada, podendo viver com o seu corpo físico por muitos anos, com uma vida moderada, sem excessos.

O vírus HIV é mutante. Muda constantemente, aperfeiçoando cada vez mais sua mutação, enganando os cientistas e virologistas.

Não se pode combater um vírus tão letal alimentando sua proliferação. A responsabilidade é de cada um.

Os sintomas são diferentes.

Só a conscientização plena dos atos da humanidade irá mudar e vencer esta epidemia.

O vestibular está aí, não prova nenhuma imperfeição dos alunos se perdem, como também não provam nenhuma perfeição se passam.

A perfeição da vida está na vontade de viver e amar o próximo, apesar das dificuldades e dos problemas e sofrimentos.

É sempre indispensável pedir ajuda aos nossos mentores espirituais para que eles nos auxiliem sensivelmente em nossas tarefas.

A oração, a leitura de *O Evangelho Segundo o Espiritismo*, buscar tomar passes renovadores e revitalizantes de energias e fluidos nos grupos espíritas, participar de tarefas caridosas, porque é ajudando que se é ajudado.

Jovens, pelo menos uma vez por semana, esqueçam de seus interesses pessoais e vão ajudar seu próximo para que sua vida seja ajudada por Deus.

Procura auxiliar, procura beneficiar os necessitados para que Deus veja sua bondade e o possa premiar com as bênçãos do céu, ajudando melhor as suas vidas.

Quanto mais distantes ficarem das drogas, quanto mais distantes ficarem do desequilíbrio sexual, quanto mais distantes ficarem da depressão, quanto mais distantes ficarem de influências maléficas do pensamento, maiores são as chances de viver na vida e menores serão as decepções.

Se é espírita, siga Kardec.

Seja qual for a sua religião, Jesus deve prevalecer em seu coração.

3

A Jovem

O sentido que se tem para animar a verdade, muito impulsionada pelas mulheres jovens, no passado, é o preconceito por serem do sexo feminino.

Hoje, a luta, a força, o empenho, a mesma meta do jovem é a da jovem.

O pensamento de algumas:

– Deus, estou fraca, será porque sou mulher?

– Quero ter a força física de um homem, só assim posso me igualar.

A musculação, que no passado era desprezada pelas mulheres, hoje é adorada.

Professoras de educação física, mulheres jovens, adultas e de meia-idade aderem à musculação enrijecendo seus músculos, modelando o corpo para sentirem-se seguras e sadias.

Tudo é válido para manter a saúde durante o processo de higiene física. A transpiração ajuda a desintoxicar, pelo suor, o corpo humano.

Horas e horas de exercícios, horas e horas de estudos.

O valor de cada jovem está no que representa e no que sente integralmente.

Com a luta pelos direitos iguais, o espaço foi dividido. Homem e mulher, cada um na sua devida profissão.

Com o surgimento da primeira etapa de viver melhor e muito bem no que for mais preciso e vivo, o valor que a jovem deve tomar, sentir, tem de ser o mesmo do jovem.

Através do processo emocional conturbado, degelando o sentido orgânico hormonal, ocasionam-se cólicas menstruais, contorções dolorosas durante os estudos na preparação do vestibular.

Em algumas jovens o cabelo passa a cair, sua fisionomia abate-se, o sentido de ser mulher não deve ser abstrato.

A mesma masculinidade que um jovem possui deverá ser a mesma feminilidade da jovem.

A sensibilidade existe, seus medos, suas emoções, inseguranças, a mesma capacidade que o homem jovem possui é a mesma da mulher jovem.

A quantidade de neurônios nada influencia no raciocínio. Neurônios são células do sistema nervoso central responsáveis pelo salvoconduto das funções orgânicas.

Milhões e milhões de neurônios não são suficientes para superar Deus, o Criador de tudo.

O acompanhamento médico deve ser muito bem seguido, tanto dos tratamentos espirituais, a água fluidificada, passes, como o Evangelho no lar, o acompanhamento médico-encarnado.

O uso de automedicação e estimulantes para não dormir influenciando todo o metabolismo da mulher jovem, suas funções sensoriais delicadas influenciando na evolução.

A tranqüilidade aparente, quanto maior o entendimento das coisas do espírito, melhor o equilíbrio espiritual e o raciocínio.

O cérebro segrega e desmaterializa neurônios que são renovados pelo organismo sensorial: córtex, cerebelo, etc.

Nada passa pelo cérebro sem que a alma – o espírito – perceba antes. Portanto, caríssimas jovens, quanto mais equilibrado o espírito, melhor para o êxito, o sucesso, a aprovação no vestibular.

Mais equilibradas ficam as funções hormonais femininas, evitando assim, cólicas menstruais horríveis. Fora disso, os cuidados dos médicos-encarnados são importantes. Uma decepção poderá interferir no aparelho reprodutor. Evite discussões, conflitos.

A força que a mulher jovem espírita possui para fazer o vestibular e ser aprovada é ilimitada no valor bem visto de cada um.

O favorecimento da fé em Jesus, Mestre: a jovem mulher deve compreender que após a sua aprovação continuará sendo mulher e, quanto menores os riscos de sua gênese feminina através do equilíbrio emocional, melhor a sua saúde.

A vestibulanda deve procurar o caminho correto para o seu bom desempenho e sua boa tarefa de estudos, sem odiar o seu sexo, unindo a sua força do bem, estabelecendo metas oportunas a seu desenvolvimento.

Tem de ter a consciência de seu aprimoramento, não se sentir inferior ao homem, pois Deus reserva um bom lugar para ambos os sexos, no melhor objetivo para esclarecer a emoção, e também, pertencer à ordem de Deus pelo caminho adequado de amar e viver adequadamente, no desabrochar do sentimento sutil de uma flor.

Aqui, vestibular *versus* mulher tem uma conotação universal. Não devem dar importância a argumentos como: "Você está com cólicas e a obsessão ataca neste período". Termo errado. Olhe: "Se o vestibular cai no sábado, tem de não comer".

A mulher tem de se auto-ajudar com a ajuda do Mestre Jesus, recebendo amparo constantemente.

Nada irá lhe acontecer se não passar no vestibular, apenas prestá-lo novamente.

A psicologia que a mulher deve ter no sentido da sua religião é se basear na psicologia do Mestre Jesus Cristo com a codificação, Kardec, você e seu vestibular.

Na sua força de vontade ideal e adequada pelo sentimento vivo de amar e sobreviver.

Na atualidade a mulher jovem deve ter o cuidado nos "trotes" das universidades, as chamadas brincadeiras com os novatos e novatas.

Brutalidades, monstruosidades físicas e verbais, a falta de equilíbrio; quantas seqüelas deixam os jovens que fazem parte dos veteranos das faculdades, causando graves prejuízos nos alunos recém-chegados, sujando a imagem que a universidade tem no exterior, por serem violentos, perversos, passíveis e coniventes com essas atrocidades.

Não se pode confiar em nenhum profissional que fizer "trote" e prejudicar o colega. Significa infantilidade e maldade.

Quantas mulheres serão estupradas por causa de trotes?

Quantas mulheres serão mortas por causa de trotes?

Quantos homens jovens terão seqüelas no corpo por sofrerem um trote?

A cada um sua responsabilidade de agir e permanecer coerente.

A universidade que permite trotes é uma universidade falha, criando assassinos como notícia profissional, quebrando a ética profissional.

Não devemos deixar perdurar o desespero obsessivo nos alunos antigos da faculdade. Após a aprovação no vestibular, o cuidado é sempre indispensável com as atrocidades dos universitários perversos.

E assim segue a vida dos jovens na procura da verdade, sem esmorecer jamais.

4

Paz

O aluno do pré-vestibular deve procurar primeiro paz de espírito e seguir na melhor maneira de conseguir paz de espírito, guardando o nosso bom caminho traçado por Deus, no aguardo que Deus vá ofertar sua paz.

O Mestre Jesus Cristo disse-nos: "Minha paz vos deixo, minha paz vos dou". Isto quer dizer que cada estudante tem de procurar sua própria paz e amor. De que maneira? Fazendo uso do equilíbrio cristão; só assim poderemos realmente idealizar a nossa fé.

Quantos de nós dizem: "Temos paz de espírito e nada é feito por nós mesmos?".

Para mudar este quadro tétrico, sonolento e enfadonho que o aluno às vezes apresenta, o momento de vivenciar fortemente o equilíbrio completa-se na paz não egoísta do espírito e da mente.

Mas, o que é mente? Mente é o que pensamos, vivemos e adquirimos. O espírito do aluno pensa, esses pensamentos são somados na sua mente cerebral.

Cérebro: instrumento do espírito, da mesma maneira que um automóvel é dirigido pelas mãos dos homens.

O espírito atua sobre os sensores sensíveis do cérebro.

O excesso de sol no rosto, o cansaço, a estafa, as dúvidas completando o desenvolvimento de cada um. O suor na fronte, as mãos inseguras, os dedos não ficam firmes ao escrever; isso mostra falta de paz de espírito.

Um cérebro mal utilizado é sinal de que o espírito conduziu sua mente, o que pensa, de maneira incorreta. O momento de paz é fundamental.

O parafuso se parte quando o peso está além de sua tração, o que acontece no cérebro que não foi adequadamente adaptado, exercendo uma pressão sanguínea em seus vasos e pro-vocando a tontura, a enxaqueca, responsáveis por muitas desaprovações no vestibular, dificultando a ação do espírito.

Há jovens que nem conseguem fazer a prova direito, sentem dor de cabeça, tontura. Esses tiveram uma superexcitação no cérebro, devido à falta de paz, com a vida conturbada.

Cada um deve encontrar uma solução para sua paz interior. O melhor método é se recolher, orar, manter um pouco o contato com a natureza, para que tudo fique bem organizado e muito eloqüente, na tranqüilidade do espírito.

Os jovens não encontrarão a paz em lugares agitados, cheios de aglomerações e perturbações espirituais.

Cada um possui a sua maneira de obter a paz e retribuir o seu sentimento com a codificação espírita, aumentando seus conhecimentos e se precavendo contra a obsessão.

Não se esqueçam dos exames no cérebro: isto é muito importante, para sabermos se não é nenhum problema de lesão ou tumor, evitando doenças e desencarnes desnecessários.

Aqui não quero dispensar a ajuda dos médicos encarnados, que é fundamental, e também dos médicos desencarnados.

Procure o Reino de Deus e Sua justiça que o resto virá por acréscimo de misericórdia.

O jovem espírita tem de ter uma consciência maior por ser espírita, é um abençoado por isso; deve estar bem preparado para fazer seu vestibular.

Sobre os campeonatos de matemática que enchem os olhos dos jovens, impressionando muitos, devo dizer a cada jovem: você tem de valorizar o seu próprio desempenho e não ter ciúmes, inveja de alguém só pelo fato de ter obtido um êxito melhor.

Estabelecer comparativos entre um e outro aluno é perder a paz de espírito. Deve o jovem procurar ler a matemática do espírito, básica e muito simplificada, *O Livro dos Espíritos*, para tirar suas dúvidas.

O jovem deve lembrar que ninguém é perfeito em tudo. Se fosse, aqui não estaria e, sim, em planetas mais e mais elevados.

A busca da perfeição é importante, desde que não vá ferir a Lei de Deus.

Jovem, procure orar todos os dias e perceber, do Alto, a necessidade de viver e amar. Não procure seguir posições contrárias à sua credulidade e equilibre o momento de sua oportunidade e lazer.

Procure na doutrina espírita, pela codificação em Kardec, o exemplo de amar o Supremo Jesus e Seus apóstolos. Acredite e siga sem temor.

Não se esqueça: outrora éramos queimados nas fogueiras da Inquisição, hoje somos milhares.

5

Interpretação

A sociedade, no modo que vem reunir os jovens nos seus mais felizes objetivos, vai ao encontro, com maior força, de suas finalidades. O mais importante é cuidar de si mesmo.

Ora, como cuidar de si mesmo sem cuidar do espírito?

Por objetivos e melhoras muito bem conceituadas pelo valor das emoções. O homem vive do que pensa e é o que faz de seu pensamento. O jovem, o mesmo.

Nos melhores valores e metas muito bem estabelecidas, por tudo o que o jovem é, em ambos os sexos, ele se permite atribuir e fazer o seu vestibular na sua melhor interpretação e o modo como pensa cada um no seu momento de alegria e tristeza, nos valores muito bem relacionados da matéria que convém e da que não convém ao jovem.

É necessário para seu espírito elevar sua mente, controlando suas emoções, controlando seus defeitos, procurando não dar ouvidos às críticas de colegas e amigos competidores, concorrentes.

O que é mais natural para a vida de cada um reflete-se no valor que cada um possui no seu evangelho.

Não existe jovem equilibrado se ele mesmo não procura o equilíbrio. Não existe jovem equilibrado se a sua justiça não passa de meros pensamentos fúteis. Exemplo: "Quero curtir a vida porque daqui a pouco fico velho e cansado!". O conceito de curtir a vida vai muito do espírito e do íntimo pessoal.

Um jovem cético só poderá pensar desta forma, sem na verdade compreender o objetivo da vida, a força que vem do fundo de cada um, o valor de ver, viver e amar, unir e persistir no objetivo.

Quantos jovens pedem ajuda à espiritualidade para, pelo menos, obterem ajuda no momento das provas e se saem muito bem, sem problemas? Todos têm esta ajuda.

Após conseguirem passar, se forem espiritualizados, dirão: "É verdade, fui muito ajudado. Obrigado, meu Deus".

O jovem deve prosseguir sem medo e, quanto maior a sua credulidade, mais o seu espírito terá forças para superar os obstáculos do dia-a-dia impostos pela vida.

Não se pode, jamais, argumentar contra Deus.

O jovem espírita tem a sua vida marcada por fatos mediúnicos e de grande valor, quando vem a comparecer nos lugares mais oportunos da fé e da razão, do amor e da servidão. Nisto vem encaminhar, a cada um, para novo objetivo, a estabelecer as normas e desejos de seus espíritos.

A verdade é que quanto mais nos distanciamos das coisas materiais, mais nos aproximamos das coisas espirituais e maiores serão as possibilidades de passarmos no vestibular.

Por isso, o vestibulando deve ter a consciência de que, mesmo após a sua aprovação, a vida neste corpo físico está apenas começando e não pára jamais.

Muitos jovens, ao perceberem que a universidade não é nada daquele paraíso que imaginaram, decepcionam-se. Isto é porque a sua estrutura espiritual deve e tem de ser aumentada na fé em Deus, por Jesus Cristo, nosso Mestre, fortificando-se em *O Evangelho Segundo o Espiritismo*, de Allan Kardec.

Lembre constantemente os conselhos dos espíritos bondosos e as palavras do Messias e de Suas parábolas, para uma melhor proteção contra os momentos de decepção.

Cada porção de verdade é limitada pelo esforço e empenho que você oferecer a ela. Às vezes se entregam a vícios, narcóticos, fumo, álcool, prostituição, somente para fugir das tensões de uma universidade ou de seu vestibular.

A vida é uma constante prova e teste de desafios e melhores momentos.

Se não queremos ser assaltados, devemos permanecer em oração e vigilância. Deus permitiu que esses homens e mulheres revoltados – algumas vezes são nossos entes espirituais –, estejam aqui para testar o nosso bem nas palavras do Decálogo.

Peçamos, em prece, a ajuda e proteção, evitando locais que são mais propícios a dissabores dos salteadores: as boates, *shows*, carnavais, locais desertos, bares e outras facilidades que cada um faz só para atender a seus caprichos.

Se tememos a morte, façamos da morte um alívio e uma saída de evolução. Não de malefício, desperdício e suicídio.

Quantos jovens desencarnam após passarem no vestibular, após uma comemoração excessiva nos locais mais perigosos... Casos registrados e não registrados existem. Por isso, freqüentemente, a divindade não permite que muitos jovens tenham êxito no vestibular, adiando a aprovação para anos depois, quando o espírito estiver mais maduro, evitando, assim, o menor momento de angústia no decorrer de muitos objetivos.

A interpretação da vida, pelo jovem que vai fazer o vestibular, deve ter sua projeção para o futuro, sem obstacular o que há de verdadeiro no sentimento de fé e de força de um constante viver e amar.

A interpretação que o jovem deve ter de sua vida, dependerá muito do objetivo, de suas lembranças e melhores expectativas perante todo o processo que vivencia no objetivo de superar, a cada minuto, o entendimento dos sentimentos particulares, na ordem de todos os momentos que Deus trouxe para amar, viver e servir.

Deve entender, o vestibulando, sua melhor ordem de fases interiores e, por essas fases, seus pensamentos e maneiras de viver e como acha que a vida pode lhe retribuir no controle muito bem visto da mente pelo espírito, do seu desenvolvimento maior.

Então, jovens vestibulandos, a vida é tudo aquilo que pensamos; portanto, deste pensamento, cada jovem irá construir o que lhe parecer melhor e mais correto.

Se ele ou ela imaginam um inferno na sociedade, assim será a sua vida. Lembremos o Mestre Jesus: "Onde está o teu tesouro está o teu coração", no valor de cada vivência e melhores oportunidades.

A relação entre passar ou não no vestibular, isso só irá depender de como os jovens pensam, do que é e o que faz do vestibular.

Quanto mais simples tornamos o preenchimento das provas e dos gabaritos em relação à nossa vida, em sempre pensar o melhor seja qual for o resultado, muito melhor será o movimento do espírito em se tranqüilizar mais e mais, até as futuras preparações nas próximas reencarnações.

6

Ordem e Progresso

Moramos no Brasil, que tem proclamado um futuro de ordem e o progresso. O futuro espiritual desta ordem a Deus pertence.

Progredindo o aluno na sua ordem interior, ele se preserva de ultrapassar limites inadequados como:

- influência progressiva que o jovem recebe e muito bem percebida por cada um;
- a dificuldade de estudar;
- a dificuldade de aprender os assuntos muito simples colocados para testes;
- o esquecimento;
- a perda de memória;

- a falta de interesse no estudo;
- o rancor que sente do vestibular;
- a inveja de um amigo e amiga que passaram e a sensação de que você "perdeu";
- a vontade de seguir a vida sem o vestibular;
- a decepção sentimental com a família;
- o problema do medo, das fobias;
- os jovens que não suportam falar no vestibular mesmo após passarem no teste;
- as ameaças no convívio da auto-afirmação que Deus nos deu.

O profissional deve compreender necessariamente, o objetivo, o destino de sua própria verdade, de sua realidade no plano espiritual. Um professor cego não pode conduzir seus alunos se eles também forem cegos: assim todos caem no precipício, ninguém poderá aprender e todos irão vivenciar a ignorância sem o Brasil de ordem e progresso.

A independência ou morte dada pela coragem e fé de D. Pedro fez da jovialidade de cada um a tarefa de fé, luz e amor a cada missão. Sua espada demonstra a força dos jovens no futuro, deixando o Brasil de ser uma colônia, foi crescendo delicadamente no vivo procedimento da verdade.

O progresso do Brasil depende do jovem e suas realizações. Não se pode progredir sem religião, sem fé no futuro, por isso cada jovem tem de se sentir um libertador na ordem dos fatos, progredindo gradativamente, até os limites de amar e viver harmoniosamente.

No Brasil colônia era proibido ler e escrever para os jovens, estudar também era proibido. Só havia a escravidão e a exploração de muitos países, o ouro, os minérios, o comércio de escravos, e todos queriam lutar como Castro Alves, Joaquim José da Silva Xavier – Tiradentes, Zumbi e muitos outros.

O que diriam ao verem os jovens de hoje, temerosos por causa de uma simples prova de um vestibular? Certamente diriam: "Coragem, isto é apenas a pena que corre no papel."

O horror já passou, agora é só agir e pensar para viver e amar por tudo isso.

O amor de Deus é eterno, sem limite e sem nenhum sentido de ódio.

Nenhum jovem poderá superar a si mesmo se não acompa-nhar a ordem de Deus, na cruz da verdade muito bem escrita e desenvolvida.

O chamamento externo do materialismo, do niilismo, do ateísmo tem colaborado para muitas reprovação no vestibular. O jovem não tem fé em nada, dificultando a ajuda de seus próprios mentores, certamente se lerem isso irão rir, desacreditando porque seus pais também são céticos e materialistas. No decorrer dos anos, na somatória dos sofrimentos e decepções, perceberão o erro cometido.

A presença constante da ordem dos acontecimentos espíritas vem nos convencer sobre a meta a seguir. Contudo, mesmo nos movimentos mais cheios de segurança e fé, amor e profunda alegria com que um jovem retribui a um acontecimento em sua vida, ele possui no seu consentimento muitas dúvidas que serão tiradas após a sua pesquisa, leitura e estudo da doutrina espírita.

Em decorrência do anseio de um ou mais jovens de enfrentar a vida com o maior desenvolvimento de suas melhores emoções e de trilhar a estrada valorizada a partir dos testes aos quais foram submetidos e aos quais superaram, seguem-se o amor, a paz na pureza da vida bem vivida em cada sentimento e o valor do amor presente nos momentos em que eles conseguiram superar-se a si mesmos.

Alcançar a fé e a melhora bendita no valor integrado de seu espírito, isto quer dizer que possui o sentimento em Deus, mas necessita ampliá-lo, na melhor forma possível e bem mais expressiva de viver e amar seus momentos felizes.

7

Fatos

Os fatos vêm e trazem da melhor maneira as perguntas e respostas do avivamento da teoria e da prática de cada estudante.

Viver na prática e viver na teoria.

Teoria é o que o vestibulando quer para si e seu bom futuro espiritual.

A prática vai depender dos resultados do entendimento nos números de vezes de suas experiências.

Através dos aconselhamentos de seus pais e a boa união entre o jovem e sua realidade de viver e amar, seus sonhos trazem para si uma nova e viva esperança de superação.

O jovem tem em sua frente uma cruz e uma espada. Ele terá de decidir qual será o próximo passo, de optar por sua profissão.

Se decide de forma errada, sua espada estará desgastando a bainha e perderá o seu lema de uma vez por todas no seguimento da fé e da justiça sua espada cairá e só revolta e tristeza poderão permanecer.

O jovem deve honrar a sua felicidade sabendo definir o que quer fazer sem dúvidas. Seu espírito irá decidir pela melhor escolha.

Sua cruz, sua religião e suas defesas devem estar presentes em sua oração. Sua rapidez, sua visão de como fazer para definir o seu sentimento religioso, guardam para si uma melhor forma de aprendizagem na religião.

O espiritismo ensina como viver melhor e bem, sem destruir o próximo. Há padres católicos que distanciam seus fiéis e, levianamente, desvirtuam jovens e os iludem, dizendo que estão com Satanás. Grande quimera e grande mentira!

Esses jovens sofrem em primeiro plano:

– não creio na infalibilidade do papa;
– não creio na virgindade de Maria;
– não creio em Satanás;

- não creio em Lúcifer;
- não creio no egoísmo que colocaram para a Virgem Maria sendo a única mulher a ter um filho conservando a sua virgindade;
- não creio que procriar é pecado;
- não creio nas falsas acusações dos padres;
- não creio na fraqueza dos jovens porque têm fé no futuro e são inteligentes;
- não creio na existência de um mal superior ou igual a Deus.
- não creio na arca de Noé, porque não caberiam tantos animais e espécies dentro de uma arca, é inadmissível;
- não creio no perdão dos padres;
- não creio num milagre sem explicações;
- creio no jovem de ontem e no jovem de hoje e nas crianças, porque é deles o reino dos céus, como disse o Mestre Jesus.

Jovens, coragem para fazer o vestibular. Muitas são as tarefas de um jovem.

Creio, sim, na felicidade da juventude e desta irá perdurar o espiritismo.

Jovem, fé e força com o Cristo Mestre, Jesus.

Vocês fazem o reino de Deus sorrir, clamando, clamando, glória, glória, Senhor! Aleluia! Aleluia! Senhor, somos espíritas e ninguém poderá dizer:

"Jovem, você perdeu porque estava com o demônio."

Bravura, pré-vestibulando, levanta a fronte e sorria seja qual for sua opção, sua área e emoção.

No cumprimento das realidades, a vida nos traz o melhor através de nossos fatos e ordens muito bem escritas por Deus.

Só o incentivo do espírito proporciona o caminho de uma luta de vozes e trombetas que vêm do alto. Só quem poderá ouvir poderá sentir o mundo das realidades; das realidades suas.

Não se pode adiantar os acontecimentos na ordem dos fatos, a verdade se passa e poderá acontecer dignamente até os princípios da fé e da justa verdade.

Crer na vida, crer em você mesmo, crer em novas possibi-lidades ajuda a reunir os novos entendimentos do Alto nas bases de uma perfeita união no vestibular.

Fé e capacidade no valor muito tranqüilo e positivamente justo e feliz.

O jovem, na proporção de seus deveres e sentimentos, tem por bases reunir os requeridos desenvolvimentos. Sabe que para obter o seu sucesso não depende só de si mesmo, mas de diversos fatos surpreendentes e muito adequados nas verdadeiras orientações que recebe.

Com fé na vida até a consumação dos séculos e da melhor consciência desenvolvida, estimulada pelo Cristo Mestre, na própria verdade de viver e amar, tirando o melhor possível da realidade; nenhum jovem deve se decepcionar pela sua reprovação, porque só quem pode, na mais pura realidade, avaliar o espírito, contestar sobre os fatos e empreendimentos, planos e ordens, intenções e verdade, é Deus, no valor muito bem dito diretamente da constante de viver, amar e servir na ordem dos fatos espíritas que cada um compõe e realiza.

Basta orar, vencer a si próprio, através de esforços com a espiritualidade, unificando todas as virtudes de um vestibulando.

Fé, bondade, assimilação dos desígnios de Deus e suas melhores organizações na vida maior após sua morte e, assim, vai processando a feliz verdade de vencer na vida.

Vencer na vida significa superar os obstáculos não apenas um simples e humilde vestibular, mas o maior vestibular que vem depois: o da própria vida.

Através do pensamento bom e dos atos de cada um, sendo você mesmo, com a orientação do Mestre Jesus, nossas forças aumentarão rapidamente, evoluindo dia a dia.

8

Escravidão

Ser escravo de todo o mundo não é o objetivo do jovem vestibulando, já que ele entende sinceramente quais os objetivos de sua vida e pretende, no futuro de suas principais realizações, que em seus estudos, seus esforços, suas alegrias e sua fé inabalável deve prevalecer adequadamente sob suas metas, seus deveres e finalidades.

A pressão da rotina não deve afetar jamais os momentos seguintes de amor, paz e conhecimento de si mesmo.

As elocubrações de cada um, o pensamento, o afeto em Deus, o amor pelo Mestre Jesus e sua personalidade, a bênção da fé, a bênção do espiritismo, abrindo caminhos melhores e muito bem preparados.

O jovem que tem fé em Deus e carrega seus afazeres no objetivo de sua espiritualidade, nada tem a temer porque a sua força vem do seu espírito e de sua capacidade de assimilar necessariamente esses objetivos.

O jovem não deve ser escravo das imposições de seus amigos, de seus familiares. Ele tem de seguir o seu objetivo. Saber escolher a sua profissão. Se não souber, deve pedir ajuda aos seus pais, sem que eles venham a lhe impor nenhuma profissão.

O jovem tem de compreender que a sua fase de vida é eterna para seu espírito e sua totalidade. Deve entender que a vida não acaba após a morte, como explica a doutrina de Deus, a doutrina espírita.

Quanto mais estiver isento de incredulidade em Deus, maiores serão as suas possibilidades quanto aos seus objetivos.

A realidade de sua vida será coberta ou não de sucesso a depender das estimativas do que ele pensa para sua realidade.

O seu pensamento percorre o mundo, muitos são dependentes de seus medos, escravos de suas ficções, por sua consistência, que vão tendendo para um contentamento fora da realidade. Exemplo: "Fulano passou de primeira no vestibular, eu também vou passar".

Quando isso não acontece, vêm a depressão, a decepção, o desgosto pela vida, mesmo nos jovens que não têm nenhuma dificuldade financeira.

Estabelecer comparativos para concluir nossos raciocínios não é válido, cabendo às nossas realidades o valor bastante necessário para amar nos limites do pensamento e da Lei de Deus.

Não se deve desesperar por causa de nenhuma matéria; a capacidade do espírito para assimilar os assuntos é infinita.

Nenhuma família se traduz no desejo de viver e amar. Cada um ama à sua maneira, mas não deve amar com egoísmo a capacidade de cada indivíduo, o que for necessário nos valores muito bem retribuídos dos sonhos e futuros promissores.

O jovem e a jovem vivem num oceano de ondas de pensamentos e vão combinando esses pensamentos com os fluidos que são encarregados de levá-los a diferentes ondas magnéticas e ondas sonoras, funcionando como uma antena de rádio captando e transmitindo mensagens. O espírito percebe a necessidade de conhecer melhor os momentos que vão até a fase de nossos melhores movimentos, estabelecendo, dentro da vida e de nós mesmos, a melhor forma de viver e amar.

Pelas melhores oportunidades de direcionamento do pensamento, isto quer dizer: o número de jovens que perdem o vestibular por estarem pensando no que irão fazer amanhã, no que deixaram de fazer, captando ondas de pensamentos. Isto acontece devido ao condicionamento bem visto diante das nossas expectativas, permitindo outros pensamentos.

Concentrar-se no momento de fazer uma prova é fundamental para que Deus ajude e siga eloqüente em nossos passos e melhores acontecimentos da fé e da verdade.

Ficar disperso não deverá ser o objetivo de cada expectativa e valor.

Temos de compreender a força da oração e da vigilância. Quanto maior a vigilância do jovem por momentos de uma melhora fundamental do espírito, melhores são os resultados da eficiente atuação do aluno espírita, no seu valor muito bem preciso e realizado.

Quanto à dependência dos medos em uma prova, é necessário uma nova reflexão e pensamento e fé.

Jovem nenhum deve ser, seja do sexo masculino ou feminino, elemento de pessimismo, para não afetar as nossas esperanças que são e serão alcançadas no interior do espírito e da melhor posição para cada realidade de viver, sobreviver e alcançar, sem medo de errar.

O escravo é aquele que depende de jeitos enormes e soluções rápidas e se ilude sem nada fazer, querendo uma melhor obrigação, de receber tudo de mãos beijadas, sem nenhum esforço, estudo, dedicação, aprimoramento, dentro do futuro tão belo de cada um de nós.

A carta de alforria é concedida através da libertação de nossos anseios e desesperos.

Hoje, felizmente, não temos mais escravidão da cor, pela bênção de Deus e do Mestre Jesus.

O que se vê é a escravidão dos vícios e imperfeições, prejudicando a nossa atuação no vestibular.

O vício da cólera, da raiva, do rancor, da vingança, do ódio contra os pais; existem pais ingratos, mas só cabe a Deus puni-los, não aos seus filhos, como, também, filhos ingratos, que devem ser alertados na sua própria consciência de filhos que são.

Cada um faz de seu espírito o que quer na sua liberdade de agir e pensar, sem se escravizar nos vícios da imperfeição dos costumes e sem nenhum valor.

9

Reações

A maneira de conhecer os limites do sentimento de absorção, recebendo inteiramente o movimento das fases que vieram para o estudante, muito antes do vestibular, tanto da verdade até a infância, influencia muito no desempenho do aluno, na correspondência direta de novos caminhos que foram ditos e escritos pela verdade da luz nos afetos muito bem pensados.

A infância de um jovem, no mais correto, deve ser administrada pelos seus pais, encaminhando o relacionamento braviamente com a criança.

Gerar autoconfiança na criança, segurança para que no futuro ela não venha a chorar no vestibular, um instrumento de agonia e fraqueza.

Quando se é reprovado, existe uma leitura de incapacidade do aluno. Deve se condicionar o aluno para a nova batalha da vida, sem que as relações pai e filho, mãe e filho, venham a ferir o entendimento na profunda fé.

A religião é um dos processos principais para o equilíbrio das crianças e jovens.

Não se pode reprovar um aluno em sua capacidade se ele está preparado. O que se observa é a importância psicológica que se dá à reprovação do vestibular, ou qualquer outro concurso.

Mas, aqui, vamos nos ater ao vestibular, para não tornar mais terrível a imagem de tortura psicológica que representa este teste nesta total e pura verdade de viver, amar, sonhar pela profissão desejada.

Isso é excelente! Muitos jovens já nascem com seu espírito sabendo o que vão fazer, isto é porque a vocação vem já de vidas anteriores.

Quero afirmar que cada jovem possui sua vocação.

As dúvidas existentes são naturais.

Quando um jovem quer uma profissão muito bem definida, ele luta e seus mentores espirituais estão por perto, ajudando-o.

Os jovens têm de ter a consciência de sua realidade e não reagir aos conselhos de seus pais.

O que tem acontecido? Os conselhos são feitos e assimilados gradativamente no caminho concluído da fé e da luz em Deus.

Tem o jovem a coerência de seguir seus conceitos na sua profissão a partir do momento de cada capacidade de amar a si próprio, assimilando nas orações a leitura de *O Evangelho Segundo o Espiritismo*, de Allan Kardec, buscando a inspiração correta para um momento de amor e boa compreensão e justiça.

A busca da espiritualidade é fundamental no amar e viver.

Quantos querem seguir sem buscar a sua espiritualidade?

Jovens espíritas, é importante o equilíbrio do espírito, equilibrando suas emoções e pensamentos.

O que se vê é o fato da ausência dos jovens, sem a freqüência nos grupos espíritas, alegando não terem tempo para freqüentar porque têm de estudar.

O resultado disto é o crescente número de insegurança espiritual, espírita.

O aumento do nervosismo, a depressão intensa, a insônia, o cansaço muito grande, sem motivos maiores; assim eles perdem a proteção de seus mentores espirituais.

Não que eles estejam distantes, mas não encontram campo para atuarem em benefício de cada jovem.

Muitas vezes, esses mentores são os seus familiares desencarnados, também podendo ser outros espíritos, de outras vidas. Conseqüência disso é a baixa produtividade no vestibular.

Olhos murchos, olheiras, perda de peso, tonturas, vertigens, pesadelos, sonhos ruins; aqui não me refiro somente aos espíritos jovens como também aos jovens de todas as religiões.

10

Intensivo

Os estudantes se projetam, na realidade da vida, na maneira de estudar, muitas vezes de forma incorreta, ingerindo estimulantes para não dormir, perdendo o sono para estudar, causando uma instabilidade emocional séria, que atinge os pais.

O número de jovens que têm a saúde afetada por tomar estimulantes tentando acertar com os psicólogos altas somas contratuais, de contratos milionários, para seu equilíbrio sentimental é elevado.

O vestibular não é um teste que capacita a inteligência do ser humano.

O equilíbrio vem do espírito e não é feito pela opinião de outros amigos vestibulandos, que opinam sem experiência.

Para se obter o controle emocional é necessário amar a própria vida, não é o fim do mundo ser reprovado.

A experiência do espírito dinamiza o cérebro para novas aceitações no emocional de cada verdade dos jovens. Não significa motivo de desânimo uma perda, é fundamental o equilíbrio da jovialidade e do momento de emoção com os familiares.

A organização dos jovens se reflete no potencial muito vívido de um sentimento: o choro, a decepção, a falta de conhecimento, a falta de amadurecimento, a falta de equilíbrio emocional dos jovens que não têm uma linha de religião – seja qual for – contribuem para a insegurança no vestibular.

Não devemos de maneira alguma substituir as emoções equilibradas religiosas, espíritas, kardecistas, por uma leve e passageira vontade de intensificar a diversão, com a ilusão de que o excesso de diversão tornar-se-á eficiente e bastante eficaz para o vestibular.

As orações são muito importantes para conseguir o equilíbrio do espírito. Assim conseguirão vencer os obstáculos com menor dificuldade.

As roupas nada influem no desempenho do estudante, nem as cores. Portanto, o melhor momento para unir as emoções deverá ser feito no instante da fé, com o Mestre Jesus e o Pai Celeste, tomando, o estudante, o dinamismo, a verdadeira felicidade de um novo caminho, modificando cada expressão fisionômica que o vestibulando possui.

Isto, se tem no coração a força necessária da segurança que seus pais passam a oferecer no objetivo da escolha da profissão, no período do sentimento vivo, muito bem trazido até os lugares que vão para o entendimento de cada segurança do jovem.

Os pais devem saber que seus filhos são pessoas falíveis, suscetíveis a erros e acertos. O entendimento fraterno dos filhos e seus pais proporciona uma melhor união e uma melhor vivência com Deus.

Nossas emoções são conflitantes a partir do sentimento recebido e muito bem atribuído às relações de afetos e honras do sentimento jovial.

A competição é natural, entretanto, força os processos de estafa com o pretexto de estabelecer sentimentos e mudanças para adquirir conhecimento de forma mais rápida, é prejudicial.

Ninguém poderá, na exatidão da vida, forçar uma capacidade que não esteja apta a relacionar os critérios da fé, nos fatores desenvolvidos e muito bem estabelecidos na ordem de cada sugestão.

Os exemplos de vitórias emocionais iniciam no fundo da eloqüente posição de fé e afeto da ordem de Deus. A melhor expectativa do consentimento que vem de Deus está na ordem da vida para melhor estabelecer os momentos de alegria.

Todos os jovens são inteligentes, só que cada um parte de um verdadeiro início espiritual.

Se seu resultado não foi o suficiente para sua aprovação, não deverá ser motivo de tristeza nem motivo de depressão.

O melhor a fazer é continuar com o objetivo, sem temer os resultados. Assim sendo, deve e tem de continuar na vitória de seu espírito ontem, hoje, amanhã e sempre, mesmo após os cabelos ficarem brancos.

11

Oposição

Com o chamamento externo dos divertimentos, muito jovens ficam indecisos se sua emoção está muito bem preparada para receber os informes de um concurso chamado vestibular.

O que vemos pela verdadeira necessidade é o caminho bem escrito das dúvidas, onde os testes de vocação de profissão não são tão eficazes quanto parecem.

O valor de tantos contentamentos pelas pressões da sociedade, de modo geral são as alegrias de um momento belo que a emoção de cada jovem no seu pré-vestibular possa entender.

A dúvida para escolher a profissão é intensa assim como o momento que se entende de um teste para ingressar na faculdade.

Os jovens se sacrificam na verdadeira nomeação de um conjunto de esforços que chegam até o seu eu interior.

O que será isso, o eu interior?

É a capacidade que cada jovem possui para suportar as emoções desses testes, pelo espírito.

Testes estes que são desenvolvidos na escolha da profissão, é o teste da paciência para estudar as áreas diretas e obter o melhor princípio adequado de cada um.

Os envolvimentos das emoções, os destinos de estudos; para cada jovem um determinado tipo de visão no agir e permanecer pelo momento mais correto de cada alegria.

A pressão de seus pais, excessiva, é impor, exigir que seus filhos sigam a carreira que é a mesma de seus pais, na pura exigência e na pura fé escolhida da religião de seus pais.

Pequenos exemplos: se os pais são médicos, os mesmos querem que seus filhos sejam médicos mesmo que muitas vezes não tenham vocação para esta profissão.

Onde fica o sonho de cada jovem?

Os pais alegam que seus filhos não sabem escolher a opção correta, por isso insistem muito, contrariando os filhos, que ficam angustiados. Os pais ficam preocupados quanto à expectativa de seus filhos na profissão.

Mas a profissão vem do espírito de cada jovem e não podemos exigir que os jovens façam o gosto de seus pais. Se os filhos não têm a vocação para a profissão, o nervosismo, a angústia e as dúvidas tornam os jovens inseguros.

A concorrência é muito grande no processo de cada sentimento. Estudos, esforços, leituras, inscrições: um grande futuro aguarda a cada um no exercício de dúvida.

A preocupação de seus pais para que seus filhos passem no vestibular antes que eles desencarnem, ou seja, morram, e vão para a pátria espiritual, constituindo a verdadeira fé na imortalidade da alma.

Quantos pensamentos se passam na cabeça de cada jovem até que decida emergir e se tornar bom profissional?

Tudo irá depender do amadurecimento espiritual dos filhos e dos pais, que se sentirão muito felizes com a aprovação de seus filhos. Isto tudo é de grande maravilha e bom proceder nos momentos de maior força e fé em Deus.

Os pais levam seus filhos a psicólogos na esperança de que seus filhos estabeleçam um elo com a psicologia. Se forem enveredar para o freudiano terão profissionais desequilibrados, inseguros. Se forem médicos, poderão ter erros médicos, se engenheiros, terão erros estruturais. Não se pode conceber todas as emoções e sucessos na libido de Freud.

O que se tem na fase de aparecer ao sexo, as mães, o casal e os filhos materialistas e confusos. Altas somas são gastas.

Um jovem, para se tornar um bom profissional, tem de se tornar um bom estudante. Mas o que é ser um bom estudante e exercer as funções exatas da escolaridade?

Muitos pais acham desnecessária a religião kardecista, para que seus filhos possam passar no vestibular, mas se esquecem que os avós de seus filhos introduziram a religião para os seus pais e eles tiveram o melhor sucesso na vida, na profissão.

12

Suicídio

A falta de ordem no sentimento do jovem, as influências espirituais nocivas que recebe, pressionando seu valor que muda para prejudicar a sua vida. O complexo de inferioridade ou o complexo de superioridade, levando os jovens a cultivarem o pessimismo.

As desaprovações no vestibular, a falta de dinheiro e a falta de um amadurecimento espiritual levam o seu eu, o seu espírito, à falta de credulidade nos seus objetivos.

A psicologia freudiana explica: tudo está relacionado à libido.

Jung chegou muito mais perto nos seus exemplos por acreditar e viver a alma.

O materialismo da psicologia não tem ajudado em nada para conter os percentuais de pessimismo dos jovens.

A falta de diálogo com os familiares, a falta de união familiar, sem a menor dúvida, o seguimento do pensamento tem, necessariamente, influenciado – bem ou mal – os estudantes.

Cresce o número de jovens que não acreditam em Deus por não passarem no vestibular. Revoltados com a própria vida, passam a sentir tristeza, desdém, ciúme, inveja de quem foi aprovado, causando um profundo complexo de inferioridade.

Seus pais incentivaram a superioridade a ponto de torná-lo imbatível diante de Deus. Basta apenas uma decepção para derrubar o jovem filho. Cabe ao jovem exercer uma força contrária e mudar este quadro de surpresa não agradável.

As comparações com amigos, irmãos, irmãs, alegando sempre que os outros são melhores que seus filhos só porque perderam um vestibular, não devem ser consideradas.

Outro comportamento errado: o silêncio total dos pais e dos demais familiares após a desaprovação, culpando o filho, ou filha, do insucesso no vestibular, tornando os jovens depressivos.

Em jovens que foram reprovados várias vezes no vestibular, seja do sexo masculino ou feminino, a tristeza predomina.

Repressão, críticas, condenações: os jovens se sentem, desta forma, como peixes fora d'água.

Tanto o complexo de superioridade quanto o complexo de inferioridade estabelecem para o jovem uma instabilidade emocional, desarticulando o principal motivo de reunir seus objetivos. Por exemplo:

– Qual será minha profissão?
– O que devo fazer?
– Por que tenho tanta dificuldade para aprender?
– Por que minhas mãos tremem quando faço uma prova?
– Não consigo dormir!
– Não consigo estudar!

– Não sei como fazer para dizer aos meus pais que não passei no vestibular!
– Meu Deus! Minha namorada passou e eu não: o que vou fazer?
– Dá vontade de largar tudo e sumir!
– Um ano de estudos jogado fora?
– Não sei o que vou fazer de minha vida se não passar no vestibular!
– O que posso dizer de mim mesmo?
– Será que vou suportar tanta pressão?
– Quantas vezes devo alimentar minhas esperanças para o meu sucesso?
– Não suporto mais fazer provas!
– Só quero passar, mas não sei como!
– Será que esta opção é correta?
– O que faço então da minha vida?
– Devo procurar um psicólogo?
– Preciso de um reforço?
– Vou comprar um gabarito?
– Vou subornar todos?
– Vamos invadir os arquivos?
– Você conhece alguém que tenha acesso às provas?
– Se eu não passar no vestibular, vou me suicidar!

– Minha mãe, se você não parar de me pressionar, me jogo do décimo andar!
– Está tão difícil passar...
– O que devo fazer para suportar tudo isso?
– Qual será a minha colocação?
– Não sei o que fazer para a minha aprovação!
– Meu pai passou de primeira, já é a minha terceira tentativa!
– Não consigo escrever, estou em dúvida!
– Meu Deus, estou com febre?

Muitas perguntas se passam no espírito de um estudante.

Os principais motivos que influenciam o jovem para o suicídio são:

– a falta de apoio emocional;
– a ausência do evangelho no lar;
– o materialismo;
– a falta de esperança no amanhã;
– as más influências;
– as más companhias;

– a bebida alcoólica;
– os alucinógenos;
– o desequilíbrio familiar;
– a intolerância religiosa;
– a falta de amor entre irmãos e irmãs;
– a influência espiritual nociva;
– fazer as provas drogado;
– utilizar a fé erradamente, sem orações, sem fraterna convivência.

O jovem não deve achar que sua inteligência ruiu. Cabe aos jovens equilibrar os estudos com sua freqüência espírita, bem como com suas atividades no grupo espírita.

Avaliar muito bem o seu emocional e sua mediunidade para não interferir no seu desempenho nas provas, evitando causar o que chamam de "dar um branco" e não se lembrar de nada.

Isto é devido à falta de equilíbrio do espírito, quando o jovem não liga para a sua mediunidade, achando que isto só é para pessoas mais velhas, como seus pais, seus tios e seus avós.

O jovem ou a jovem, ambos, devem condicionar a mediunidade equilibrada para que não vá interferir no desempenho de suas provas, seja no vestibular ou em qualquer outro concurso.

Procurar a verdade a cada momento evitando assim a influência espiritual nociva.

O que fazer? Tomar passes renovadores de energias e fluidos, orar, ler *O Evangelho Segundo o Espiritismo*, dialogar com harmonia na família, não escolher uma opção profissional só para seguir seus pais. Deve-se achar natural ser submetido ao vestibular, considerar que os que planejaram o vestibular são espíritos que querem avaliar o preparo dos jovens pela aprovação ou desaprovação.

A organização do vestibular é feita para ingressar na faculdade, universidade; não é um teste de guerra nem tampouco um teste de sobrevivência na selva.

Os jovens vivem num turbilhão de emoções e energias soltas no ar, inspirando e expirando.

O sucesso depende de nós mesmos e não de nossos pais. Assim devem pensar os jovens, sem temer a vida.

Procurar constantemente a ajuda no Cristo Mestre Jesus.

O pior momento não deve ser o resultado de reprovação. Em muitas ocasiões Deus testa os jovens, mesmo que tenham muito conhecimento para suas provas. Muitas vezes o ingressar na universidade precocemente pode causar um desequilíbrio das funções espirituais.

O jovem poderá pensar que sua faculdade é um paraíso. Tudo depende de como os pensamentos vão e fluem no jovem e na jovem para evitar o suicídio.

Antes, durante e após a prova do vestibular é preciso seguir os conselhos, ter contrição e seguir com fé na religião.

Tem de ser espírita?

Que importa?

Tem de ser católico?

Que importa?

Seja qual for sua religião, tirar sua própria vida não é a solução.

Ore e peça ajuda a seu mentor desencarnado; e não se esqueça dos pais que querem o melhor para seus filhos, desenvolvendo um bom diálogo antes de qualquer pensamento ruim.

É necessário receber a coerência da família no desenvolvimento do equilíbrio.

Devem-se ouvir músicas tranqüilas, reunir a família para orar, pedir ajuda para Deus que nos ampare.

Quando o jovem não passa no vestibular, ele deve compreender a situação, saber que até no mesmo ano poderá fazer novo vestibular e não se desesperar.

Se não passou, é porque venceu mais um obstáculo de suas emoções e não é motivo para desânimo.

Coragem, jovens espíritas e de todas as religiões, quem mais sofreu foi o Mestre Jesus, traído por todos nós, crucificado, caluniado, assassinado. Não esqueçam o que disse o Mestre Jesus: "Vós sois deuses". Essa é a verdade.

Venho aqui avisar a maravilha que é a vida que não pode, e não deve, ser destruída, sob nenhuma hipótese, nenhuma justificativa. Ninguém tem o direito de tirar a vida do próximo nem de si próprio, contrariando as leis de Deus expressas no Decalogo – os Dez Mandamentos.

Vemos o arrependimento de muitos jovens que cometeram suicídio, ansiosos por voltar no tempo. Só que têm de esperar por outra reencarnação, ressurgir, sofrer as conseqüências de suas atitudes, para uma nova oportunidade.

Coragem, fé, persistência, força de vontade com Deus, para não ter os prejuízos do suicida, sofrendo a agonia de sua autodestruição.

Nada justifica tirar a própria vida, assim diz o Mestre Jesus, se analisarmos suas palavras, frases e parábolas.

Tenham fé! Todo momento é de teste, seja no vestibular ou em qualquer teste da vida. O prazer de viver e vencer é sempre maravilhoso.

Os olhos de todos pertencem a Deus pela eternidade, para sempre.

13

Redação

O sentimento do momento mais vivo se tem no jovem ao redigir uma redação. Seu sentimento vai de encontro às pressões da própria vida deste interior instante.

O afeto em Deus, o amor pela religião, a integridade de novas alegrias na família, refletindo o segredo vivo e feliz da honra, desenvolvem uma melhor tranqüilidade para escrever e desenvolver tranqüilamente aos seus idéias.

O homem e a mulher, sendo jovens ou não, não têm nada para provar a não ser a si mesmos no costumeiro tempo do vestibular, nas alegres verdades que a jovialidade conduz e adequa no emocional, no espiritual.

Os temas, os assuntos, os títulos não devem seguir um parâmetro pelo seguimento único de um raciocínio.

O número de jovens que não são aprovados no vestibular é imenso. Não por falta de conhecimento, e sim, em qual for influências espirituais obsessivas, as perturbações, a obsessão generalizada, os medos, a distração e a grande ansiedade de quem faz uma redação sensivelmente para terminar como vários tipos de perguntas:

- O que escrevo?
- O que faço?
- Minhas mãos tremem?
- Será que esta palavra é adequada?
- Como devo fazer?
- Tenho um número limitado de linhas para desenvolver o meu assunto?
- Que tema é este?
- Que horas são?
- Estou nervoso?
- Estou nervosa?
- Eu queria ser um gênio!

Todo desenvolvimento de uma redação tem de compreender o equilíbrio de desenvolver, interpretar. Vai depender da fé no desenvolvimento para acreditar na sua própria capacidade.

A universidade é uma grande escola que poderá ou não corromper a personalidade. Em virtude disso, o jovem não deve considerar como fim de sua carreira uma única reprovação

Isso acontece com todo jovem; o espírito às vezes falha.

Os obstáculos, as intenções, os motivos de cada um poderão de alguma maneira unir e dinamizar a verdade de cada momento que os jovens possuem.

Tomar bebida alcoólica dias antes das provas é um dos elementos de prejuízo para quem faz o vestibular, além de vincular o jovem com espíritos sofredores, desviando a atenção do objetivo, causando tonturas, esquecimento, tremores, pavor.

O uso do cigarro tem prejudicado muito os jovens, deixando-os mais inseguros, tensos e com a capacidade diminuída, enfraquecida, debilitando seu espírito e seu corpo, dificultando a respiração, intoxicando o racio-cínio.

O jovem não tem de provar amadurecimento no vestibular, com fórmulas e invenções para cada exemplo sentimental.

Aqui citei alguns prejuízos causados de imediato nos vestibulandos. Só uma consciência plena para unir e vencer nos caminhos da fé em Deus e no Mestre Jesus ajudará o jovem.

A realidade do viver o mundo do vestibular é cheia de planos e fantasias, sucessos e oportunidades, emoções e boas esperanças.

É preciso ter pulso forte nas redações de cada um e unir a verdade familiar no equilíbrio de cada emoção e valor próprio pelo pensamento da querida realidade, nos estudos, no valor de cada seguimento e estudo nas metas de amor, paz e assessoramento íntimo a partir do lugar escolhido de cada posição de afeto e amor.

Em sua consciência, abrindo luzes de vida, deve o jovem saber o seu verdadeiro objetivo, inclusive, o seu planejamento do futuro e da justa razão de viver.

Quanto maior o interesse no sentimento da sociedade política, catástrofes, religião, violência, guerra, nos interesses gerais, indo para o conhecimento geral na psicologia da ciência materialista, da ciência religiosa, sociopolítica, para agradar a todos, no modo do raciocínio brilhante de cada jovem, melhor o seu desempenho.

O vestibulando deve ter consciência de que ser jovem é sinônimo de equilíbrio, para que o equilíbrio seja efetuado na redação.

Tudo será levado em conta: a caligrafia, a quantidade de linhas, o teor do raciocínio, o tipo de assunto, se o aluno não fugiu do assunto, se o aluno definiu uma solução na redação.

Todas as provas são válidas mas nem todos os assuntos usaremos no cotidiano. As matérias são computadas por máquinas falíveis, computadores. E, não, infalíveis. Por isso o jovem e a jovem não devem se desesperar se uma desaprovação acontece.

Os homens fazem o computador que são falíveis com tecnologias falíveis.

A alma supera infinitamente essa deficiência. Vemos inúmeros casos desses exemplos na verdade do Pai Celestial e de Sua soberania.

Que cada jovem não sonhe em ser um superdotado. Sua capacidade deve prevalecer pelos seus estudos, esforços e raciocínio.

Os gênios que vieram à Terra foram e são missionários. Somando seus conhecimentos nos séculos de existência, reencarnam para ajudar à humanidade atrasada no tempo e no espaço.

Não deve haver ilusão. Estes homens são subordinados a Deus, quer sejam materialistas ou não. Por isso o propósito deste capítulo é conscientizar os jovens de ambos os sexos da necessidade de amar a Deus, aos pais e reconhecer que existe uma Inteligência Suprema que é Deus e a tudo conduz e vê.

Façamos da melhor forma possível.

O jovem não deve demonstrar suas emoções a quem quer que esteja tomando conta das provas, preservando-se de qualquer represália, seja nos seus estudos e metas.

A redação é um entendimento entre você e Deus, seja qual for o assunto.

Não devemos manifestar definições políticas para não sermos reprovados por quem a elas eventualmente se oponha. Lembremos que a vida oferece muitas maravilhas além do corpo físico, no espírito. Assim, vemos e percebemos.

A redação não deve só ser utilizada no papel das provas, como também na vida, no cotidiano. Assim, à luz do evangelho e da doutrina espírita, em nossas relações de amor por Deus e nossos familiares, o homem deve usar sua redação como um redator fiel à sua capacidade, seguindo as metas das leis do vestibular, sem medo, lembrando que as demais provas irão fluir em conseqüência da interpretação jovial e adequada.

Introdução, desenvolvimento e conclusão: já que a vida exige isso, que sejam desenvolvidas a brandura e a fé em cada ano cristão.

14

Princípio

Recomeçar é sempre a meta do estudante que quer, no seu íntimo, continuar a vencer, vencer, lutar, lutar, superar, superar, julgando a si próprio a finalidade de seu insistente esforço que vale muito diante de Deus, na orientação de vida que os homens recebem.

O estudante deve aprender a viver com sua espiritualidade, sem o menor risco e enfrentar o medo, dinamizar os seus próprios incentivos e melhores sentimentos.

A probabilidade existe: passar ou não; superar ou não.

O tempo que nos entretém, envolve-nos mais uma vez na pura verdade da real vida e do contentamento adequado da preparação de cada um.

O aluno não deve se importar com a simpatia dos familiares na escolha de sua vontade.

Um bom profissional é aquele que faz o que gosta e o que quer. Vemos profissionais trabalhando em áreas que não são suas, sentem-se felizes e só após dez anos descobriram sua verdadeira vocação.

A mãe quer que seu filho seja padre. O filho se apaixona por uma mulher e não aceita o pedido, a insistência de sua mãe e de seu pai de nada adiantarão.

Os valores irão surgir no momento de uma melhor aproximação com os melhores sentimentos. A dúvida da escolha na profissão não é exatamente um problema, é apenas decisão de ouvir a própria conscientização no pulso das nossas verdades e valores.

Taquicardia, medo de estudar, medo de dizer o que pensa; um profissional sem religião está incompleto no seu profissionalismo, por mais que consiga aperfeiçoar seus trabalhos em sua área.

"O futuro de todas as religiões é o espiritismo." Jovens espíritas, no seu raciocínio de amar e viver, sua melhor forma de conviver e estipular seus limites é praticar a caridade de muitas formas, desde um conselho amigo a um pedaço de pão.

Os espíritos ajudam na medida do possível o aluno desde sua infância. O envolvimento com as coisas da espiritualidade contribui para uma nova lógica que não deve ser a lógica de um conjunto de negações e idéias confusas, desequilibradas e desavisadas.

Só a fé inabalável, imutável, que o jovem possui, e seus pais com Deus e para Deus, através do Mestre Jesus, com a doutrina espírita, unem o melhor meio que se tem na proporcional vida de realizações no futuro.

O choro, o momento da expectativa, o resultado de tantas frases e levantamento de ânimo e empenho; é preciso estudar sim, fundamental, mas o estudo sem as alternativas, sem os requeridos momentos de espiritualidade, de orações, passes, reuniões, tratamentos da espiritualidade superior, fazem com que o jovem não passe a refletir em seus anseios e nas suas melhores metas, sendo reprovado, muitas vezes, no vestibular.

A caneta à mão direita ou esquerda para fazer e vencer os melhores e mais difíceis objetivos na ordem de cada vida e ano.

Na busca de uma profissão melhor, maior e bem rentável, assim, no verdejante instante de fé e amor de cada um, para sua liberdade, vem fazer de seu raciocínio sua capacidade.

Quanto mais ansioso, o jovem mais nervoso fica. O equilíbrio entre o corpo e o espírito por força espiritual é feito no verdadeiro momento de tantas alegrias do modo de pensar e fazer uma redação, seja no português, no inglês, francês, ou em qualquer matéria que não precise da interpretação do texto, transformando sensivelmente no digno convívio do seguimento e no bom desenvolvimento de outras matérias.

Diante das regras ditadas por Deus e anotadas pelos homens erradamente, o vestibular segue seu curso e faz do jovem aquilo que ele quer que seja sua capacidade de pensar e desenvolver uma redação.

Vai depender, essencialmente, do que for mais necessário, no consentimento de seus pais.

É conveniente deixar os filhos falarem o que pensam para seus pais avaliarem até onde vai a desenvoltura de seus pensamentos.

O jovem tem de se sentir de uma forma bastante singular, adequada e feliz no vivo sentimento da esperança em força interior e força exterior.

A força interior será dada pelos pais aos filhos, a força exterior terá de ser obtida no vestibular, onde as provas irão ensinar a capacidade do aluno na expressiva vontade de amar os objetivos.

Assiduamente o jovem não gosta de ser testado sob nenhuma hipótese. Sabe sensivelmente de suas metas e seus nobres sonhos, aumentando a sua decisão.

Quantos de nós possuímos e melhor ouvimos nossa esperança fazer para crer e ouvir, sentir e viver, continuar e vencer amigavelmente no contraste: insegurança e segurança.

A aparência que se tem no valor vivo de muitas expectativas são momentos nos quais se restabelece entre os fatos de grande harmonia.

Saber fazer uma redação é muito simples. A dificuldade não está na conclusão da redação, mas na conclusão de cada vida.

Viver faz do jovem experiente no amanhã, seguro de si, que a melhor experiência é aquela cultivada dentro da alma, do coração, sem perder, jamais, os créditos da fé no Mestre Jesus Cristo, pela força adquirida e unificada entre seus pais.

15

Cultura

A cultura, jovens pré-vestibulandos, é adquirida no decorrer do tempo, para estabelecer a força para viver e amar. O que se adquire na cultura faz do jovem a principal meta e costume de viver melhor, conhecendo o básico da vida e do mundo de uma grande extensão, na frase dita entre cada um:

"Preciso estudar senão vou fracassar no vestibular, não vou ler nenhum livro espírita, estou sem tempo, agora é a minha oportunidade, é o meu futuro".

Tudo isso é válido. Resta saber até que ponto se tem de melhor em obter um maior benefício ausente da religião.

A literatura espírita é vasta, rica, faz do vestibulando um *expert* no raciocínio. Ajuda a abrir a mente, a alma.

Quanto tempo se perde em afazeres tão pessoais durante o período de estudo e assimilação?

O limite de um aluno está na sua própria metodologia de aprendizado e esforço. Perde muito o jovem que vai se divertir e, ao raiar o sol, volta para sua casa e não tem a recuperação física e de seu espírito para sua melhor eficácia.

O que se tem é o esquecimento do espírito, atribuindo-se ao jovem uma única meta: vencer. Mas o que é vencer para a vida para o jovem?

Parte de sua vida é destinada ao concurso e nada irá detê-lo, jamais. Em razão disto a estafa o atinge.

É preciso manter o contato com a espiritualidade através de alguma leitura espírita. Assim, evitando o continuado instante de agonia.

A ligação do jovem e o seu mundo é feita através de suas lembranças emocionais, na estrutura de sua fé.

Só poderão sentir melhor a presença espiritual em seus corações através de um vínculo forte e fiel de suas totais expectativas no futuro.

A escolha de um livro para se ler, no horário determinado, não vai, de forma alguma, interferir no seu desempenho e na sua total desenvoltura.

Abarrotados de assuntos e livros, os jovens vêem a sua frente a ansiedade de estudar.

Mas onde está o estudo freqüente e fiel, quando o aluno fica saturado, recebendo informações no desenvolvimento de seu espírito e de sua vez de amar a Deus e a si próprio?

"Amar a Deus sobre todas as coisas e ao próximo como a ti mesmo." Este é o ensinamento.

Vestibular é estudo e fé, oração e confiança, na leitura espírita de cada emoção e verdade.

Só pela maneira evangélica equilibrada é que se obtém a verdade. Maneira de viver, maneira de orar.

A mente e o espírito necessitam de um intervalo, possibilitando reabastecer as energias do aluno.

Nenhum homem poderá ter na sua memória a certeza de vencer Deus pela ausência de seu esquecimento.

É fundamental concluir que a mente suporta uma determinada vontade de vencer e agir muito bem, ultrapassando este limite que é do espírito.

A desaprovação poderá ocorrer mesmo com o preparo e o estudo muito freqüente e verdadeiro, tornando atuante o conjunto ansiedade – angústia – insegurança.

Não se faz tempo construído na fraqueza dos alunos. Ou seja: não deve ser feito o exagero de superar o que já está superado, até o fim da linha.

O limite do ser humano é alcançado até onde ele pode chegar nas noites perdidas, estudo e muito sentimento de bravura. Ao perder a noite estudando, o jovem adquire maior conhecimento que antes não possuía. Assim faz valer no sentido da vida o amor e a fé em Deus pela total verdade do jovem nos costumes de sua época.

Tem de estimar o seu momento no lugar adequado, feito de luz e afetos distribuídos no sentido de fé da jovialidade.

O objetivo do estudante de pré-vestibular é vencer na vida, não provar para ninguém que é capaz, num simples exame de raciocínio linear, a sua inteligência.

Só cabe a Deus avaliar o eficiente mundo da verdade dos homens. Portanto, é preciso compreender que o jovem faz o seu futuro, dando a si mesmo o cunho da vez de seus atos equilibrados, o que não prova nada de virtude e bondade, inteligência e divindade, a aprovação ou reprovação num vestibular ou em qualquer outro concurso.

16

Divórcio e Vestibular

O desempenho que o aluno possui desde criança irá depender adequadamente de muitos valores que, no mais das vezes, sobrepujam o poder de cada aluno.

O homem vive e suborna a si próprio tentando resolver seus problemas e realidades ao sabor dos ventos.

Os jovens sopram as velas do veleiro no mar das desilusões. Os peixes saciam a fome, as ondas se avolumam subindo e descendo o veleiro. Jovem e jovens, nadando ao sabor das ondas do vestibular no nosso premiado envolvimento de amor, afeto e melhor entender as esferas globais do vestibular bóiam, subindo e descendo ao sabor da maré e dos ventos, movimentando o ar seco que ambienta os jovens.

O lúgubre mundo da maré e da melhor opção de viver e sobreviver em qualquer área de sobrevivência profissional.

Suas respirações ofegantes e seus nados vão na afluência do veleiro. Seus escritos e suas verdadeiras manobras equilibram os movimentos da sorte de viver e amar a Deus.

O jovem vestibulando passa a pensar, necessariamente, entre tarefas e belíssimas oportunidades. O seu elo de existência em Deus o fez pensar na melhor ordem de viver e sobreviver, nadando nas correntezas dos canais vivos e refletidos num processo de linguagem muito bem contribuída e assumida.

Ao sabor dos ventos da fraqueza do espírito, o jovem "fracassa" e reúne seus deslizes. Como perdeu, não se acha capaz de se superar sendo levado pela correnteza e maus sentimentos.

Seus pais não se colocam a seu favor, estão ao sabor da conveniência da falta de tempo, tornando a maré seca e inabitada.

Seus filhos ficam se debatendo constantemente no redemoinho do fundo do mar, sem botes para salvar suas vidas, mergulham sem guelras para sobreviverem e se angustiam, gritam por seus pais e vão integrar a melhor ordem que se tem nos valores das indiferenças de seus pais.

O veleiro passa.

A guarda espiritual os resgata nos seus botes salva-vidas.

Decepcionados, os pré-vestibulandos seguem encharcados de decepções.

Agora têm somente o vestibular como válvula de escape.

Não param de pensar jamais no seu futuro.

O mar continua revolto na sua consciência.

Eles estão sozinhos e são os sobreviventes dos problemas de seus pais, verdadeiros momentos em que se tem muito para refazer a vida e realizar os montes de ordens impostas quando a maré está cheia ou vazia.

Nadam contra a correnteza e vão ao encontro de novos objetivos constituídos nas caudas dos tubarões que seguram, pensando serem seus conselheiros.

Filhos de pais separados sofrem muito com a intolerância e infidelidade de seus pais.

Seu vestibular se fragmentou nos rochedos dos recifes e ficam perturbados porque seus pais não pensaram muito a respeito de seus sentimentos e costumes.

Centrados em si próprios, abandonaram os seus filhos entregues ao caos do divórcio.

A filha não suporta o namorado de sua mãe e o horror de um novo homem que não é seu pai a faz revoltar-se com muito ódio.

O elo foi partido e a emoção seguia entre tantos objetivos.

O filho não aceita a namorada do pai e a desarmonia constitui o verdadeiro desenlace das cortinas de ventos fortes e arrebentações efusivas.

Dias, meses, anos se passam.

Finalmente chega o momento de prestar o exame do vestibular. Os filhos não conseguem pensar. Ficam apavorados com a situação muito aterrorizante do divórcio de seus pais, mas seus pais são ricos e os filhos têm tudo do bom e do melhor.

Nas estradas do amor e da fé eles seguem apesar da maré de "março"; revolta por atitudes impensadas de seus pais.

Felizmente, Deus envia o consolador explicando, através do Mestre Jesus, o problema do divórcio na dureza dos corações dos casais e seus filhos.

Hoje, casados, vão e se atrelam a manobras de esperanças e voltam o olhar para o passado e pensam: que tempos difíceis foram esses? Não permitirei que o vestibular dos meus filhos sejam da mesma forma que a minha.

Sua esposa, que também passou pela mesma situação, concorda. Assim, se fez presente o difícil exame do vestibular, onde com freqüência os casais se separam pensando só neles e esquecem que através da estrutura familiar, os filhos precisam dos dois juntos, pela paz, pela honra e pelo amor de amar a vida e seguir vivendo até que Deus queira separar, oferecendo o bálsamo de Seu e nosso Messias, o Cristo Jesus.

MADRAS® Editora — CADASTRO/MALA DIRETA

Envie este cadastro preenchido e terá todas as informações dos nossos lançamentos, nas áreas que determinar.

Nome _____

Endereço Residencial _____

Bairro _____ Cidade _____

Estado _____ CEP _____ Fone _____

E-mail _____

Sexo ☐ Fem. ☐ Masc. Nascimento _____

Profissão _____ Escolaridade (Curso / Nível) _____

Você compra livros:
- ☐ livrarias
- ☐ feiras
- ☐ telefone
- ☐ reembolso postal
- ☐ outros: _____

Quais os tipos de literatura que você LÊ:
- ☐ jurídicos
- ☐ pedagogia
- ☐ romances
- ☐ técnicos
- ☐ esotéricos
- ☐ psicologia
- ☐ saúde
- ☐ religiosos
- ☐ outros: _____

Qual sua opinião a respeito desta obra? _____

Indique amigos que gostariam de receber a MALA DIRETA:

Nome _____

Endereço Residencial _____

Bairro _____ CEP _____ Cidade _____

Nome do LIVRO adquirido: <u>O Vestibular perante a Doutrina Espírita</u>

MADRAS Editora Ltda.
Rua Paulo Gonçalves, 88 - Santana
02403-020 - São Paulo - S.P.
Caixa Postal 12299 - 02098-970 - S.P.
Tel.: (0__11) 6959.1127 - Fax: (0__11) 6959.3090
http://www.madras.com.br

Para receber catálogos, lista de preços
e outras informações escreva para:

MADRAS
Editora

Rua Paulo Gonçalves, 88 — Santána
02403-020 — São Paulo — SP
Tel.: (0_11) 6959.1127 — Fax: (0__11) 6959.3090
http://www.madras.com.br